UNIVERSITÉ DE LYON

FACULTÉ DE DROIT

AVIS DE LA FACULTÉ

SUR

L'UTILITÉ D'UN DOCTORAT

AYANT POUR OBJET SPÉCIAL

L'Ensemble des Sciences Économiques

LYON

IMPRIMERIE MOUGIN-RUSAND

3, Rue Stella, 3

1897

UNIVERSITÉ DE LYON

FACULTÉ DE DROIT

AVIS DE LA FACULTÉ

SUR

L'UTILITÉ D'UN DOCTORAT

AYANT POUR OBJET SPÉCIAL

L'Ensemble des Sciences. Économiques

LYON

IMPRIMERIE MOUGIN-RUSAND

3, Rue Stella, 3

1897

UNIVERSITÉ DE LYON

FACULTÉ DE DROIT

AVIS DE LA FACULTÉ

SUR

L'UTILITÉ D'UN DOCTORAT

AYANT POUR OBJET SPÉCIAL

L'ENSEMBLE DES SCIENCES ÉCONOMIQUES

L'an 1897, le jeudi 3 juin, la Faculté de droit de Lyon s'est réunie dans le lieu ordinaire de ses assemblées, sur la convocation et sous la présidence de M. CAILLEMER, doyen.

Étaient présents : MM. CAILLEMER, doyen ; MABIRE, Charles APPLETON, ROUGIER, AUDIBERT, COHENDY, PIC, BARTIN, SOUCHON, professeurs ; Jean APPLETON, LAMBERT, agrégés ; JOSSERAND, chargé des fonctions d'agrégé.

Le Doyen a rappelé à la Faculté que, pendant la discussion du budget de 1897, dans la séance de la Chambre des Députés du 23 novembre 1896, l'attention de M. le Ministre de l'Instruction publique a été appelée sur l'utilité qu'il y aurait à instituer dans les Facultés de droit un nouveau type de doctorat ayant pour objet l'ensemble des sciences économiques.

M. le Ministre s'est engagé à mettre cette question à l'étude, et, par lettre du 5 avril 1897, il a invité la Faculté de droit de Lyon à lui faire connaître son avis.

La Faculté a consacré plusieurs de ses assemblées à l'examen du sujet et elle a chargé l'un de ses membres, M. Souchon, professeur d'histoire des doctrines économiques et d'économie politique, de résumer, dans un rapport écrit, les observations qui ont été échangées.

M. Souchon s'est acquitté de son mandat et la Faculté a été réunie pour entendre la lecture de son rapport et pour formuler l'avis demandé par M. le Ministre.

Le Doyen a donné alors la parole à M. Souchon, qui s'est exprimé en ces termes :

Messieurs,

Quand, en 1894, les Facultés de droit furent consultées sur la réforme du doctorat, elles délibérèrent manifestement sous l'empire d'une double préoccupation.

D'une part, la loi de 1889 sur le recrutement de l'armée avait été fort dure pour nos étudiants. Par son refus de ranger la licence en droit au nombre des diplômes conférant la dispense de deux ans de service, elle avait mis beaucoup de nos élèves dans la nécessité de pousser leurs études jusqu'au doctorat. Comme, du reste, le titre de docteur, réservé autrefois à une élite peu nombreuse, n'était que fort difficilement accessible, la plupart des Facultés estimaient qu'il y avait lieu de restreindre le nombre des épreuves permettant de l'obtenir, et de diminuer ainsi indirectement l'inégalité choquante créée au détriment des étudiants en droit par les dispositions de la loi militaire.

D'autre part, des études de doctorat, portant presque exclusivement sur le droit romain et sur le droit civil, n'étaient plus en rapport avec la licence lentement transformée par l'élargissement progressif de ses programmes depuis 1880 ; et nous étions presque unanimes à reconnaître la nécessité d'un régime destiné à rétablir entre nos deux diplômes une corrélation momentanément rompue.

Cette double préoccupation conduisit neuf de nos Facultés à proposer des réformes, qui, dans leurs grandes lignes tout au moins, correspondaient au plan réalisé depuis par le décret du 30 avril 1895. En même temps que la suppression d'une thèse et d'un examen donnaient, dans l'organisation nouvelle, satisfaction aux désirs d'allègement nés de la loi de 1889, la création d'un second doctorat paraissait devoir assurer l'avenir de nos Écoles, en tant qu'établissements scientifiques, dans l'ordre des connaissances politiques et économiques.

Il faut dire, cependant, que. dès les discussions de 1894, plusieurs de nos collègues avaient entrevu que la scission du doctorat en deux branches ne pouvait pas être une solution définitive.

Le volume des « Enquêtes relatives à l'Enseignement supérieur », qui contient l'ensemble des rapports rédigés alors, est sur ce point particulièrement instructif. Il nous apprend, d'abord, qu'une Faculté, celle de Dijon, réclamait déjà quatre doctorats distincts (1), alors qu'à Caen, à Montpellier et à Rennes, on estimait qu'une division tripartite était au moins nécessaire (2). En outre, dans les villes où le projet de dédoublement était adopté, ce n'était qu'après des hésitations très caractéristiques. A Bordeaux,

----

(1) *Enquêtes et documents relatifs a l'Enseignement supérieur*, t. LV, p. 48.

(2) *Ibid.* p. 36, 106 et 141.

notamment, on ne sacrifiait qu'avec peine l'idée d'un troisième doctorat, abandonnée seulement en raison de considérations d'ordre tout pratique ; et le rapporteur de la Faculté de Nancy exprimait formellement le regret de ne pouvoir donner, dans l'organisation à créer, une place suffisante à l'économie politique (3).

L'enseignement qui résulte de ces discussions est cependant quelque peu confus. L'attention de nos collègues paraît même, en 1894, avoir été attirée par la nécessité d'isoler les sciences historiques, plus encore que par la perspective des avantages d'un doctorat purement économique. Mais cette tendance etait cependant loin d'être générale, et l'autonomie nécessaire de l'économie politique, et des connaissances qui lui sont accessoires, était déjà fort bien comprise par les Facultés de Grenoble et de Dijon (4).

La question que nous avons à examiner aujourd'hui s'est donc imposée, dès que les anciens programmes de doctorat ont paru insuffisants. Néanmoins, le régime de 1895 aurait pu, sans doute, fonctionner quelque temps encore, sans soulever des protestations bien sérieuses, si les dernières réformes de l'agrégation n'étaient venues lui porter un coup décisif. Ici encore, les discussions préparatoires sont particulièrement instructives. L'an dernier, la plupart d'entre nous estimèrent que les modifications à apporter aux statuts de 1891 sur notre concours d'agrégation, devaient être nécessairement commandées par les changements déjà opérés dans les programmes du doctorat. Par une limitation un peu artificielle, le problème nous apparut donc, tout d'abord, comme une option à faire entre le maintien d'un type unique d'épreuves et une scission en deux branches. Mais la Faculté de Paris, et, après elle, le Conseil supérieur

---

(3) *Ibid.* p. 31, p. 123.
(4) *Ibid.* p. 48, p. 68.

de l'Instruction publique ne se laissèrent pas arrêter par ces considérations de symétrie. De leurs délibérations sortit le projet qui proposait quatre agrégations distinctes et devait définitivement l'emporter. Dès lors, le diplôme politico-économique se trouvait fatalement menacé ; et, par un retour vers les doutes signalés il y a un instant, nous allions être amenés à nous demander si les différences de méthode et les nécessités de division dans le travail, invoquées pour justifier notre régime actuel d'agrégation, ne devaient pas conduire à un nouveau sec ionnement du doctorat.

Notre débat d'aujourd'hui était virtuellement ouvert. Il semble du reste, après ce que nous venons de dire, qu'il devrait logiquement porter sur la création de quatre types différents. Or, il n'en n'est pas ainsi ; et c'est seulement sur l'organisation d'épreuves d'ordre purement économique que nous sommes consultés, à la suite des indications du Parlement. Est-ce à dire que de nouvelles timidités vont nous conduire, encore une fois, à une réforme forcément précaire, et qu'il y aurait tout d'abord lieu d'élargir les données du problème qui nous occupe? Il ne nous paraît pas que ces craintes soient pour nous arrêter. C'est que, d'abord, l'organisation du doctorat d'histoire est une éventualité forcément lointaine Elle est, en effet, pour se heurter à bien des objections à la fois dans l'ordre scientifique et dans le domaine pratique. La place n'est pas ici de les examiner longuement Cependant nous pouvons indiquer rapidement que l'histoire, telle qu'elle doit être enseignée dans nos Écoles, est liée au droit d'une façon particulièrement intime.

Il y a même là une union qui est pour se faire plus indissoluble encore, à mesure que la science juridique continuera à évoluer vers la méthode historique. Or, n'est-ce pas un mouvement destiné à se précipiter, en un temps et un pays, où l'autorité de Codes anciens s'atténue chaque jour devant la rapidité des modifications coutumières, où par conséquent la tâche exégétique des juristes va constamment se réduire, pour faire place à l'histoire systématique d'une jurisprudence, dont les variations sont le droit? Il est évident, d'autre part, que les élèves disposés à se consacrer, dès après leur licence, exclusivement à l'histoire, seraient fort peu nombreux, et le doctorat historique n'aurait guère comme clientèle que quelques jeunes gens entraînés par une vocation très spéciale, et déjà décidés à s'orienter vers notre concours d'agrégation. Il n'est donc peut-être pas aussi artificiel qu'on pourrait le penser tout d'abord, de songer, pour le moment tout au moins, à une division seulement tripartite de nos études supérieures.

Quand bien même, du reste, ces observations n'auraient pas pour tous une portée décisive, et à admettre l'utilité et la possibilité d'une prochaine et dernière réforme, qui ferait complètement correspondre l'organisation du doctorat à celle de l'agrégation, il n'y aurait pas là une raison suffisante pour compliquer, dès maintenant, un projet présentant déjà bien des difficultés d'application. Dans une œuvre, comme la transformation de nos Écoles, chaque heure a sa tâche. Les plus impatients parmi les partisans de l'isolement de l'histoire seront, sans doute, des premiers à s'intéresser à une réforme qui peut leur sembler trop limitée, mais n'en consacre pas moins des idées de spécialisation qu'ils doivent approuver.

I

Quand on se préoccupe de la création d'un troisième doctorat destiné spécialement aux sciences économiques, une première question vient tout naturellement à l'esprit. Faut-il entendre par là que, sans rien changer par ailleurs au régime actuel, il y aurait lieu, dans l'intérêt du développement de l'économie politique dans nos Universités, de créer purement et simplement un nouveau diplôme? Estime-t-on, au contraire, que l'innovation devrait consister essen-

tiellement dans le dédoublement du doctorat politico-économique, qui serait dorénavant divisé en deux types différents, l'un correspondant aux diverses matieres du droit
public, et l'autre à l'économie politique, en même temps
qu'aux branches de sciences qu'elle commande directement?

Il vous est apparu, Messieurs, que, sur ce premier point,
la discussion est à peine possible. Vous avez, tous, estimé
que, si une réforme est désirable, elle ne devrait certainement pas résulter de la juxtaposition d'un doctorat nouveau,
à côté des deux types actuels. Une pareille création pourrait
bien avoir pour conséquence de renforcer les enseignements
économiques ; mais ce serait au prix d'une organisation
cahotique, et même d'un sacrifice presque complet de toute
une partie de notre activité scientifique. C'est que l'option
de tous nos étudiants, décidés, par ailleurs, à abandonner
les études purement juridiques, ne serait pas douteuse. Ils
délaisseraient, en masse, le doctorat dont les programmes
contiendraient à la fois du droit constitutionnel, du droit
administratif, du droit des gens et de l'économie politique,
et ils se précipiteraient vers celui où l'étude des sciences
économiques serait seule demandée. Pour les moins tra-
vailleurs, l'apparente différence dans l'extension des programmes serait une suffisante raison de décider. Les plus
studieux seraient attirés par la tentation d'une spécialisation
rapide correspondant exactement au cadre d'une des agrégations. Dès lors, l'avenir des études de droit public serait
doublement compromis, d'abord parce que, faute d'audi-
teurs, les cours actuels fonctionneraient difficilement;
ensuite parce que le recrutement des agrégés de science
politique serait gravement mis en péril. Comme on ne voit
pas, du reste, quelles seraient les compensations spéciales
à de si gros inconvénients, il n'y a pas lieu de s'arrêter plus
longtemps à une idée qui trouvera sans doute peu de défenseurs ; et nous pouvons déjà poser en principe que nôtre
discussion doit se limiter à une question précise, et que

nous avons seulement à nous demander s'il y a lieu de procéder à un dédoublement du doctorat des sciences politiques et économiques.

Quand on se place sur ce terrain, les arguments qu'on peut faire valoir en faveur du remaniement des programmes en vigueur sont nombreux et pressants. Il en est trois surtout qui sont particulièrement de nature à nous faire désirer une nouvelle réforme :

1° Tout d'abord, comme on l'avait déjà aperçu lors de l'enquête de 1894, comme l'ont mieux montré encore les discussions autour de l'agrégation, on a été amené, il y a deux ans, dans le désir de ne pas compromettre par trop de complications un projet nécessaire, à réunir en un même doctorat des matières absolument disparates. Il est certain, par exemple, que les plus grands efforts d'ingéniosité ne sauraient trouver un lien quelconque entre le droit international public et l'économie politique, ou bien encore entre le droit constitutionnel comparé et la législation ouvrière. Il devient, heureusement, presque inutile d'insister sur les différences de méthode, qui sont nécessairement entre des sciences si complètement étrangères les unes aux autres, et c'est, cependant, dans ces oppositions de méthode qu'il nous faut chercher les meilleures raisons de sectionnement. Même en dehors d'elles, l'artifice de la réunion est d'ailleurs encore évident. Comme l'a écrit M. Esmein, « l'économie politique n'est pas du droit... Elle a un autre objet que le droit public ou privé ; la somme des connaissances à acquérir y est immense ; et il parait scientifiquement et humainement impossible d'obliger nos docteurs économistes à approfondir, en même temps, par de nouvelles études, l'ensemble du droit public et du droit privé. » Il y a là des considérations qui, invoquées pour conduire à la division des agrégations, peuvent, en termes presque identiques, être reproduites en faveur d'un projet de sectionnement du doctorat. Si, du reste, nous pouvions être tentés, dans les

Facultés de droit, d'attacher à de telles idées une importance secondaire, les critiques bien souvent dirigées contre nos enseignements seraient pour nous rappeler aux réalités. Il n'est guère de mois, en effet, où quelque adversaire, mécontent de l'orientation donnée dans nos Universités aux sciences économiques, ne vienne nous affirmer, avec une certaine énergie dans l'excommunication, qu'il suffit d'avoir touché aux choses du droit, pour être à jamais incapable de bien comprendre celles de l'économie. L'accusation est sans doute mal fondée, et, comme certains d'entre nous ont pris soin d'en démontrer brillamment l'inanité, nous savons tous la supporter sans en concevoir de trop grands découragements. Il n'y faudrait, cependant, pas vouloir répondre en affirmant qu'il suffit d'être jurisconsulte pour être également économiste, et en essayant de nier des différences qui sont dans la nature des choses.

Tout en les reconnaissant, nous aurions pu, il y a quelques années encore, refuser d'y attacher la moindre importance au point de vue de nos programmes de doctorat. C'est que, pendant bien longtemps, il a été admis que le titre de docteur devait être acquis par une revision soignée du travail de la licence; et ce pouvait être une raison pour s'arrêter devant des divisions qui auraient mal répondu à cette conception. Mais, aujourd'hui, tous, nous sommes d'accord pour admettre que les études de doctorat doivent se présenter avec des caractères scientifiques nouveaux. D'ailleurs, en dehors de toute appréciation critique, des faits s'imposent à nous. Nos programmes comportent déjà deux diplômes de docteur, et personne ne propose de revenir à l'unité ancienne. Tous, par conséquent, et ceux-là mêmes qui ont pu être opposés à une première innovation, doivent désirer qu'on tire, des réformes accomplies, le meilleur résultat possible. Puisqu'on a un régime de spécialisation, encore faut-il qu'il réponde à des divisions logiques. Or, après ce que nous venons de voir, on peut affirmer qu'il ne saurait en être ainsi tant que les sciences économiques resteront confondues avec le droit public.

2° A côté de ce premier argument, il en est un autre qui, pour être lié au précédent, n'en mérite pas moins, en raison même de son importance, d'être séparément mis en lumière. En 1894, plusieurs de nos collègues avaient fait remarquer qu'une réforme de nos études de doctorat ne devait pas se borner à introduire quelques cours nouveaux dans nos Facultés. Il fallait aussi, disions-nous, changer notre méthode traditionnelle de travail, nous défier des cours oratoires, qui sont pour exclure l'intime collaboration entre les maîtres et les éleves, et les remplacer par de véritables travaux pratiqués essayés en commun avec nos étudiants. Sans un pareil effort, comment espérer développer, chez nos aspirants au doctorat, cet esprit d'initiative et cet amour de la recherche scientifique qui leur font tant défaut ? Comment leur donner ces méthodes de travail autrement précieuses que des notions acquises au prix d'une courte torture de mémoire, et le plus souvent oubliées au lendemain de l'examen ?

Or, il serait puéril de dissimuler qu'en voulant entrer dans cette voie, beaucoup d'entre nous ont rencontré sur leur chemin des obstacles considérables. Il en est d'abord qui sont venus de nous-mêmes, et d'habitudes d'enseignement plus difficiles à transformer qu'on ne pourrait le penser tout d'abord. Il en est d'autres, beaucoup plus sérieux, qui tiennent à la nature du recrutement de nos élèves, et à la sérénité du dédain d'un trop grand nombre d'entre eux pour tout effort désintéressé. Mais il faut dire aussi que bien des essais d'organisation du travail ont été, dans le domaine du doctorat des sciences politiques et économiques, considérablement entravés par la trop grande diversité des matières à enseigner. Demander à des jeunes gens, qui ont devant eux à peine trois ans d'études, de savoir se servir avec quelque méthode de l'immense bibliographie des

diverses branches du droit public et de l'économie politique, leur recommander, en outre, quelques-unes de ces
enquêtes personnelles, qui peuvent seules développer
l'esprit d'observation, et leur rappeler, par surcroît, qu'il
n'y a pas d'histoire de doctrines en dehors d'une étude
consciencieuse des sources, n'est-ce pas leur tracer un programme purement irréalisable? Chaque professeur est, dès
lors, réduit à faire loin de ses élèves la besogne de préparation scientifique à laquelle il devrait pouvoir les associer, et
le travail des étudiants ne s'élève pas toujours suffisamment
au-dessus de la revision de quelques notes de cours trop
soigneusement apprises.

Si une organisation rationnelle venait grouper des études,
qui, à l'heure actuelle, sont beaucoup trop dispersées, cette
situation pourrait très rapidement se modifier, et là ne serait
pas le moindre des avantages qui pourraient être retirés d'une
réforme.

3° La création d'un troisième doctorat aurait cependant
une autre utilité, qu'un professeur d'économie politique ne
saurait omettre. Elle serait, sans doute, pour augmenter,
dans une mesure importante, la part faite dans nos Facultés
aux enseignements économiques. Peut-être, doit-il apparaître tout d'abord, que venir exprimer un pareil désir, après
tant de modifications successives, orientées déjà dans un
sens favorable au développement du droit public et de
l'économie politique, c'est courir au devant de quelques
protestations. Elles ne semblent cependant pas de nature à
s'affirmer avec beaucoup d'énergie, devant un examen très
rapide de la situation actuelle. Aujourd'hui, il y a, au maxi-
mum, dans une Faculté de droit, deux chaires d'économie
politique, l'une correspondant à un cours de première
année, et l'autre à un double cours de doctorat (économie
politique et histoire des doctrines économiques). Il est
vrai, qu'en outre, nos programmes comprennent la législation financière, la législation coloniale et la législation

industrielle. Mais il faudrait se garder de croire qu'il y a là des cours d'ordre *nécessairement* économique Ils prêtent, au contraire, les uns comme les autres à des compréhensions très diverses. Du jour où ils figureraient dans les cadres d'un doctorat purement économique, une orientation nécessaire leur serait donnée ; mais, tant qu'il n'en est pas ainsi, on peut dire, sans exagération, que trois cours seulement, dont deux semestriels, portent forcément sur des matières économiques. N'est-ce pas un bilan dont la modestie est d'abord pour rassurer ceux qui ont quelque tendance à se plaindre de l'invasion de nos Écoles par une science étrangère à l'objet essentiel de notre activité ?

Quant à démontrer d'une façon rigoureuse l'insuffisance de ces proportions, il est évidemment fort difficile d'y parvenir; car la question se trouve, en somme, dominée par bien des préférences personnelles. On peut cependant dire que sa solution est liée à l'idée qu'on se fait du rôle de nos Facultés de droit. Si on estime qu'elles sont, avant tout, des écoles professionnelles, instituées pour fournir à de futurs magistrats ou avocats les notions théoriques, sans lesquelles ils sont inférieurs à leurs tâches de chaque jour, on doit penser, en même temps, que la part de l'économie politique n'a pas à être augmentée chez nous. Si on est, au contraire, d'avis qu'il appartient aux Facultés de droit de donner l'enseignement intégral de cet ensemble de sciences sociales qui ne saurait être négligé dans nos Universités françaises, l'aspect de la question se trouve profondément modifié. Il devient, dès lors, fort difficile de soutenir que deux chaires, dans chaque centre universitaire, peuvent répondre à l'importance prise, en notre temps, par les problèmes économiques. Or, dans des débats où bien des éléments sont pour nous séparer, il est deux points sur lesquels nous sommes tous d'accord. Personne, parmi nous, ne songe à nier, d'une façon absolue, l'importance des sciences sociales qui ne sont pas d'ordre juridique, et nous avons la conscience commune qu'après nos efforts, depuis 1880, nous pouvons revendiquer cette part de l'activité scientifique, non seulement avec les droits de la logique, mais aussi avec ceux d'une longue occupation, qui n'a pas été sans honneur.

N'est-il pas, dès lors, tout naturel de nous voir désirer une réforme qui pourrait à la fois augmenter le nombre de nos enseignements purement économiques et rapprocher d'eux, d'une façon incontestée, des cours dont la tendance peut quelquefois être indécise, comme ceux de législation financière, industrielle ou coloniale ?

A côté de ces raisons essentielles, qui sont pour nous pousser à adopter le principe d'un changement au régime de 1895, il en est d'autres encore qui mériteraient peut-être quelques développements, mais que je dois seulement mentionner. D'abord, le doctorat économique ne serait-il pas pour répondre aux besoins d'ordre professionnel des jeunes gens, assez nombreux dans quelques villes, qui quittent les bancs de nos Ecoles pour entrer dans les grandes affaires ? Ensuite, notre population d'étudiants ne pourrait elle pas être sensiblement augmentée, grâce à l'attrait qu'auraient, pour certains esprits, des études restreintes à un cadre très limité et susceptibles, par conséquent, d'attirer des vocations déjà très précises ? Enfin, dans les grands centres industriels ou commerçants, la place considérable faite aux sciences économiques dans nos travaux, ne viendrait-t-elle pas augmenter notre influence générale et nous mettre à même de conserver, dans l'ensemble de l'action universitaire, sur les milieux extérieurs, une place considérable dont nous n'avons pas à nous désintéresser?

Telles ont été, Messieurs, les raisons qui vous ont amenés à accueillir favorablement le principe d'une réforme consistant essentiellement dans le dédoublement du doctorat des sciences politiques et économiques. Le projet en discussion a cependant rencontré, parmi vous, de très graves objections, dont je vous dois maintenant l'examen.

II

Ceux d'entre nous qui sont partisans du *statu quo*, invoquent des raisons fort diverses. Il en est d'abord sur lesquelles je pourrai passer rapidement, parce qu'elles sont la reproduction de critiques déjà formulées en 1894. On nous a dit, par exemple, que les études purement juridiques sont suffisantes pour former des esprits solides. On a, en outre, insisté devant vous sur les dangers qu'il peut y avoir à se consacrer trop rapidement aux sciences politiques ou économiques, alors qu'on n'est pas suffisamment encore garanti, contre quelques tentations d'imprécision, par la rigueur de nos méthodes ordinaires. Il y a là les éléments de longues discussions ; mais elles ont été soutenues lors du projet de la dernière réforme, et il est peut-être bien tard pour y revenir.

En dehors de ces premières critiques, restent trois objections fondamentales qui sont pour nous retenir plus longtemps.

1° D'abord, sans esprit de retour vers le passé, on peut estimer, tout au moins, que, si, en 1895, on est entré dans une voie dangereuse, il faudrait se garder de faire encore, dans la même direction, un pas nouveau. Dès lors, le projet en discussion ne va-t-il pas forcément avoir contre lui tous ceux qui, autrefois, auraient désiré le maintien d'un doctorat purement juridique? Ce n'est là qu'une apparence ; et on peut, tout au contraire, concevoir très aisément que la réforme nouvelle trouvera des partisans parmi ceux-là même qui ont encore quelque regret de l'état de choses ancien. A vivre sous un régime qu'ils n'approuvent pas sans restrictions, encore doivent-ils souhaiter qu'il donne tous les avantages dont il est susceptible, et qu'il soit organisé dans les meilleures conditions de succès.

On pourrait dire, il est vrai, que le danger redouté par

les défenseurs du doctorat unique était dans les spécialisations hâtives? Or, une scission nouvelle ne va-t-elle pas les rendre plus injustifiables encore? Il est, en effet, indiscutable que le champ d'études des docteurs économistes, comme celui des politiques, sera plus restreint que ne l'est aujourd'hui le domaine commun. Mais la question, qui s'est déjà si souvent présentée à nous dans des termes à peu près identiques, revient à savoir s'il n'y a pas lieu de sacrifier une fois de plus des désirs encyclopédiques aux impérieuses nécessités de la loi de division dans le travail. La première partie de ce rapport a précisément pour but d'y répondre par avance.

2° On a pu, d'autre part, se demander si la création d'une troisième série d'épreuves n'aurait pas pour conséquence fatale une diminution dans la valeur du titre de docteur de nos Facultés. Il y a là quelque chose de très grave! On peut, en effet, tenir pour certain que la dernière réforme a déjà eu pour résultat de rendre notre doctorat plus facilement accessible. Ce n'est pas, du reste, pour nous surprendre, puisque la nécessité d'un allégement des programmes était reconnue par la très grande majorité de nos Écoles. Mais il est évident qu'il ne faudrait pas aller plus loin et arriver, cette fois sans aucun prétexte, à abaisser encore le niveau de nos études supérieures. Heureusement, il ne paraît pas qu'il doive en être ainsi par suite de la création d'un diplôme nouveau. Très certainement, si on se bornait à scinder en deux parties le doctorat ès sciences politiques et économiques, et si on ne prenait pas soin de renforcer chacune d'elles dans une très large mesure, tous les avantages déjà indiqués disparaîtraient devant l'inconvénient capital d'un excès de facilité. Il y aurait des répercussions jusque dans le domaine des études juridiques, et tout notre enseignement se trouverait sérieusement compromis.

Mais nous allons voir, dans le détail, qu'il est fort aisé de constituer deux examens très sérieux avec des éléments pris exclusivement soit dans les sciences d'ordre politique, soit dans celles d'ordre économique. Il suffit, pour cela, d'une volonté très énergique, celle de ne pas reculer devant les créations nécessaires, et de se garder contre la tentation d'une réforme trop facile.

Cette nécessité nous amène à l'examen d'une question d'ordre financier, qui est capitale pour l'avenir du projet en discussion. Il y a quelques mois encore, un tel problème eût été en dehors de notre compétence, et nous aurions dû indiquer seulement l'impérieuse utilité de ressources nouvelles, sans discuter la possibilité de les obtenir. Aujourd'hui, il n'en est plus de même, et l'autonomie des budgets universitaires nous permet quelque insistance. Or, n'est-il pas certain que, dans les grands centres, tout au moins, nos Conseils généraux prélèveraient facilement, sur les sommes dont ils auront la disposition, quelques subsides pour la création d'un doctorat jugé nécessaire par la Faculté de droit? Il suffirait dès lors d'une légère subvention de l'État, pour nous permettre d'avoir un personnel suffisant à toutes nos tâches nouvelles.

Malgré le caractère très délicat d'une pareille remarque, il faut bien dire, du reste, que ce résultat ne paraît pas possible dans toutes les Universités. A vouloir organiser le triple doctorat dans chacune d'elles, on serait presque fatalement conduit à admettre par simple mesure d'économie des programmes manifestement insuffisants. Pour une raison de symétrie, sans grand intérêt même pour les Facultés intéressées, dans lesquelles les trois séries de cours auraient grande peine à fonctionner, faute d'un nombre suffisant d'élèves, on risquerait ainsi de compromettre gravement une réforme intéressante, et, en même temps qu'elle, l'avenir tout entier de nos études de doctorat. Aussi, avez-vous été unanimes à décider qu'il ne faudrait pas poser en principe nécessaire, que les trois diplômes devraient être conférés par toutes les Universités. Il vous est apparu désirable, au contraire, que chacune d'elles agisse seulement dans les mesures des ressources qu'elle est en droit d'attendre du produit de ses inscriptions.

Si, du reste, cette opinion devait l'emporter, elle serait pour conduire à une difficulté assez grande et il faudrait déterminer la situation des Facultés, qui se reconnaîtraient dans l'impossibilité d'organiser le triple programme. Seraient-elles libres de choisir les diplômes qu'elles entendraient conférer?

Il nous paraît que, dans aucune de nos Écoles, le doctorat juridique ne saurait être sacrifié. Il est d'ailleurs infiniment probable que l'idée d'un pareil abandon ne viendrait nulle part. Un règlement général serait donc, ici, d'accord avec une présomption de volonté très vraisemblable. Mais la question deviendrait plus délicate, quand on en serait au choix entre les cours politiques ou économiques. Certains d'entre nous peuvent penser que -le doctorat de droit public, constitué par des éléments qui sont encore juridiques, devrait, en tous cas, avoir la préférence. Peut-être cependant, y aurait-il là une occasion nouvelle de donner quelque carrière à l'indépendance des Universités. Par le fait des milieux différents, et en raison des aptitudes diverses de leurs professeurs, elles peuvent se trouver dans des conditions très variables. Il serait assez naturel de leur laisser le soin d'apprécier leur propre situation.

3° Nous arrivons maintenant à une dernière considération qui a vivement frappé la Faculté. N'est-il pas bien prématuré de modifier dès maintenant les programmes de 1895? Aucun docteur n'est encore sorti du régime nouveau. Après deux années d'essai, toutes les critiques qu'on peut formuler contre une organisation scolaire manquent nécessairement de base expérimentale, et, à se laisser trop rapidement séduire par les désirs de progrès, ne risque-t-on pas d'aller de réformes en réformes sans connaître jamais la vâleur d'aucune d'elles ? J'ai, Messieurs, reçu de vous le mandat formel d'insister sur cette restriction, et il me parait que la meilleure manière de l'exécuter, est encore de constater votre unanimité à me le donner. Vous n'avez cependant pas entendu, tout en admettant le principe d'un nouveau sectionnement, revenir indirectement sur la portée de votre adhésion, grâce à une de ces exceptions qui peuvent être indéfiniment dilatoires. Ce que vous avez voulu seulement manifester, c'est que la réforme pourrait être opérée sans précipitation, et à la faveur de circonstances favorables.

Il est dès lors impossible de ne pas songer que l'heure où nos premiers budgets universitaires vont être établis, ne saurait ici être complètement indifférente. Si, comme vous le jugez nécessaire, le doctorat nouveau doit, partiellement tout au moins, vivre de subsides locaux, encore faut-il se les assurer à temps ! et il y aurait péril à attendre que de premières affectations aient rendu le sort de toutes demandes ultérieures beaucoup plus douteux. En admettant que la création d'un troisième doctorat pourrait être retardée, il y aurait lieu, par conséquent, de la préparer dès maintenant. Nous allons voir que parmi les cours nécessaires au fonctionnement de l'organisation projetée, il en est plusieurs qui n'existent pas encore, bien qu'ils figurent déjà théoriquement dans les programmes actuels. Peut être pourrait-on, dans certains centres, se préoccuper d'avoir le personnel suffisant pour assurer leur service, et on arriverait ainsi assez rapidement à un moment où la scission nouvelle se présenterait comme pouvant être réalisée sans grands obstacles matériels, où il suffirait de quelque dernier encouragement de l'État pour consacrer une réforme déjà presque accomplie.

III

Nous avons maintenant à descendre dans quelques détails de réglementation et à rechercher d'une façon précise quel pourrait être le programme de chacun des examens des deux nouveaux doctorats. Avant cependant d'en venir à une énumération des cours nécessaires, il faut nous arrêter à trois questions préliminaires.

1° Tout d'abord, la réforme nouvelle serait-elle pour retentir sur l'organisation du doctorat juridique? Malgré une première apparence, il nous paraît qu'il en serait nécessairement ainsi. Nous allons voir, en effet, que le droit administratif tiendra une place considérable dans les études destinées à conduire au diplôme politique. Est-il dès lors bien utile de conserver à cette matière spéciale une place de second ordre dans les cadres purement juridiques, et de maintenir une distinction quelque peu subtile entre deux sortes de droit administratif, l'un qui est politique et l'autre qui est juridique? Cette observation tire, du reste, une force particulière de ce fait, que la science administrative, dans les programmes d'agrégation, est exclusivement annexée à la section de droit public.

Une question du même genre pourrait encore se poser pour le droit criminel; cependant, ici, les raisons d'une modification sont déjà beaucoup moins frappantes, et, du reste, l'argument tiré de l'organisation du concours d'agrégation ne pourrait plus être invoqué, puisque, au contraire, les leçons de droit pénal sont demandées aux candidats de la section privée.

Dès l'instant qu'on serait ainsi amené à toucher au doctorat juridique, il est encore un point sur lequel l'attention serait nécessairement appelée. L'occasion serait peut-être bonne pour revenir sur la disposition en vertu de laquelle nos étudiants juristes ne sont jamais interrogés sur l'ensemble du droit civil. C'est là une règle qui n'a pas été acceptée sans contestations et, au lendemain d'une nouvelle réforme, elle deviendrait particulièrement étrange. Nous allons voir, en effet, que soit pour les sciences politiques, soit pour les sciences économiques, il sera nécessaire de ne pas limiter les interrogations au programme d'un cours spécial et qu'on devra les faire porter sur l'ensemble de chacune des matières de l'examen. Il n'y aurait donc dorénavent, parmi tous nos enseignements, que le droit civil qui resterait en quelque sorte tronqué. Quand on songe à son unité et aux rapports multiples qui sont entre ses différents titres, c'est là un résultat qui est pour apparaître inacceptable (5).

2° La seconde question, qui est encore pour nous retenir quelque peu, est relative aux options entre différents cours. Elles devraient nécessairement disparaître des nouveaux programmes. A aucun degré de notre enseignement, elles n'ont jamais donné des résultats bien satisfaisants. Quand on les a supprimées, soit pour la licence, soit pour l'agrégation, c'était à la suite de constatations assez décourageantes, qu'on pourrait répéter pour le doctorat. Là encore, il ne semble pas que les raisons qui poussent nos étudiants à choisir entre deux cours spéciaux soient d'ordre scientifique. Comme, d'ailleurs, après une nouvelle scission des études de doctorat, le nombre des élèves sera considérablement diminué dans chaque section, leur permettre encore de se disséminer, c'est risquer d'avoir des enseignements qui ne pourraient fonctionner. On pourrait donc sans regret tenir compte d'une véritable nécessité pratique, en posant comme regle que les programmes de chaque section de doctorat seront uniformes pour tous.

---

(5) Il est à noter que la Faculté n'a pas voté sur cette question particulière, considérée comme accessoire dans l'ensemble du problème en discussion. Le rapporteur doit cependant indiquer que l'opinion de ses collègues n'était certainement pas ici unanime. M. Charles Appleton était, au contraire, d'avis qu'il pourrait y avoir danger a remanier les programmes du doctorat juridique pour les rendre moins restreints. Une pareille innovation, en augmentant les difficultés des épreuves sur le droit civil, déjà fort redoutées, pourrait dans sa pensée éloigner un grand nombre de candidats. N'y aurait-il pas alors à craindre de voir le doctorat juridique gravement compromis par sa réputation de difficulté?

⁻ 3° Reste encore une difficulté d'ordre général. Les programmes des deux doctorats politique et économique devront-ils, après leur scission, conserver des cours communs? On ne pourrait, certainement, les multiplier, sans aller à l'encontre même du but que se propose la réforme. Il est cependant deux enseignements, qui, par leur nature, semblent destinés à faire partie des deux séries d'études.

Le premier, c'e-t celui de droit public général, ou, en d'autres termes, de Science politique. Les questions relatives à l'organisation générale et à la conception du rôle de l'État dominent évidemment toutes les études de droit public ; mais elles sont, tout en même temps, bien loin d'être indifférentes aux économistes A des heures, où des batailles acharnées se livrent autour des fonctions économiques de l'État, il es moins possible que jamais de méconnaitre les liens qui son entre l'economie et la politique.

Le second cours commun devrait être celui de législation financière, et, ici, il n'est pas besoin d'insister sur les caractères qui le rattachent d'un côté au droit public et de l'autre à la science économique.

Nous arrivons, ainsi, à nous demander comment pourrait être constitué chacun des examens, soit du doctorat de droit public, soit du doctorat économique.

A. *Doctorat politique*. — Dans l'organisation actuelle, nous avons déjà cinq cours, qui portent sur des matières de droit public (droit administratif, droit constitutionnel comparé, droit international public, législation financière et histoire du droit public) ; à ces enseignements, viendrait s'ajouter, comme nous venons de le voir, un cours de droit public général. Là serait d'ailleurs l'unique création nécessaire pour l'organisation du doctorat politique. Encore faut-il remarquer que la chaire de droit public général existe déjà à la Faculté de Paris.

Avec de pareils éléments, il serait fort aisé de constituer deux examens fort redoutables.

Le premier pourrait porter : 1° sur le droit public général; 2° sur l'histoire; 3° sur le droit constitutionnel. Bien que comportant seulement trois matières, il devrait réunir quatre examinateurs, et la double interrogation aurait pour objet le droit constitutionnel. Il est, en effet, évidemment nécessaire que les candidats soient interrogés sur le droit constitutionnel comparé, qui est l'objet du cours ; mais d'autre part n'est-il pas indispensable qu'ils connaissent les différentes constitutions françaises, et les principes qui dominent la vie publique dans notre pays? Il ne paraît cependant pas nécessaire de créer un cours spécial de droit constitutionnel français, et un rappel de la licence, appuyé sur les travaux de conférence, pourrait ici être suffisant.

Quant au second examen, il comprendrait donc le droit administratif, le droit international public, et la législation financière. Mais là encore quatre boules devraient correspondre aux trois matières. On pourrait poser en principe que la dernière interrogation porterait, au choix de l'examinateur, sur le droit administratif ou sur le droit des gens. Mais il serait entendu que les candidats devraient répondre à des questions posées en dehors des cours spéciaux. Une telle regle obligerait nos élèves à ne pas se contenter d'une revision toujours relativement aisée des notes recueillies à un cours de quarante leçons. Dès lors, il n'y aurait pas à redouter le discrédit d'un diplôme obtenu par ceux-là seulement, qui auraient prouvé des connaissances quelque peu approfondies sur l'ensemble du droit constitutionnel, du droit international et de la science administrative, et qui par ailleurs auraient été aux prises avec les difficultés de la science politique, de l'histoire du droit public et de la législation financière.

Il faut du reste remarquer qu'il y aurait lieu, sans doute, de supprimer la faculté, aujourd'hui donnée aux candidats, de choisir l'ordre dans lequel ils entendent passer leurs exameus. Cette option se comprend aisément dans un doctorat qui contient en réalité deux sections distinctes. Suivant leurs vues d'avenir, les élèves peuvent avoir intérêt à en finir d'abord soit avec l'examen politique, soit avec les épreuves économiques. Mais, pour des études homogènes, il n'en sera plus ainsi. Dans le plan que nous avons proposé, le premier examen répond d'ailleurs aux principes les plus généraux, et le second à leurs applications. Il serait d'autant plus anormal de permettre d'en intervertir l'ordre, que ce serait augmenter encore les difficultés d'organisation matérielle.

B. — Reste le doctorat économique. Ici nous sommes dès l'abord en face d'une grosse difficulté. Elle tient à la nécessité de faire à l'économie politique générale, la place prépondérante qui lui revient logiquement. Or, comment y parvenir? On ne peut songer à constituer des cours de doctorat, dans lesquels on reverrait l'ensemble du programme de la licence. Il y a là une impossibilité matérielle. D'autre part, il ne peut être question de se borner à conserver ce qui existe, et de se contenter, par conséquent, dans un doctorat purement économique, de quarante leçons consacrées à l'économie politique. Dès lors une seule solution reste proposable. Elle est dans la création d'un cours d'économie politique pour chacune des deux années d'étude. Ces cours porteraient forcément sur des sujets spéciaux ; il serait cependant facile de s'arranger pour que leur réunion pût assurer à nos élèves des connaissances déjà générales.

Ceci admis, l'organisation des deux années devient relativement facile. A la fin de la première, les candidats auraient à répondre : 1° sur l'économie politique (premier cours spécial et partie de l'économie politique dans laquelle il est pris, par exemple : théories de la production) ; 2° sur la science politique ; 3° sur l'histoire des doctrines ; 4° sur l'économie agricole. Dans le second examen, les interrogations porteraient : 1°sur l'économie politique (second cours, et les matières avoisinantes, par exemple : théories de la répartition); 2ᵉ sur la législation coloniale; 3⁰ sur la législation ouvrière; 4⁰ sur la législation financière.

Ici encore, pour des raisons déjà indiquées à propos du doctorat politique, l'ordre des examens ne devrait pas pouvoir être changé.

Ce programme peut, au premier abord, paraître plus chargé que celui du doctorat de droit public ; mais il comprend un assez grand nombre de cours très spéciaux ; et il n'y a pas à redouter de voir les candidats se précipiter vers les études de droit public. Il est d'ailleurs à remarquer qu'ici encore, le résultat est obtenu sans avoir recours à des créations nombreuses. Notre plan, en effet, n'exige que deux cours nouveaux : un sur l'économie politique générale, et l'autre, sur l'économie agricole, déjà prévu d'ailleurs sous le régime de 1895.

IV

Nous n'avons plus qu'une question à nous poser. Elle est relative aux avantages que pourraient procurer nos différents diplômes de doctorat. Or, il est ici un point facile à dégager.

Il est certain d'abord que tous nos docteurs devraient être placés sur la même ligne au point de vue de la loi militaire. Nos trois doctorats comporteraient, en effet, des épreuves d'une difficulté à peu près égale, et, du reste, celui de nos diplômes qui ne conférerait pas les avantages de l'art. 23 de la loi de 1889 serait à l'avance sacrifié ! Il faut dire, en outre, que cette nécessité indiscutable est peut-être pour commander la solution d'une question assez délicate, celle du titre à donner aux docteurs économistes. Il paraîtrait assez logique de ne pas appeler doctorat en droit, un doctorat purement économique, et de réserver cette appellation pour les deux sections de droit public et privé. Mais, ne risquerait-on pas ainsi de soulever quelques difficultés sur l'interprétation du texte de la loi militaire? Si cette éventualité n'était pas à redouter, il faudrait certainement séparer très nettement, par la dénomination même, le doctorat économique des doctorats juridiques.

En dehors de là, les avantages précis faits à nos docteurs sont si peu nombreux, qu'il nous reste peu de choses à dire. Il est vrai que quelques administrations font, dans leurs concours de recrutement, une prime aux candidats pourvus d'un diplôme de docteur en droit. Il leur appartiendrait de se demander dans quelles conditions elles entendent la conserver. Il en serait de même pour l'Ordre des Avocats à la Cour de cassation et au Conseil d'État, et ces questions échappent à notre compétence.

Il en est une, au contraire, qui nous concerne directement. Elle est relative à notre agrégation. Faudrait-il exiger, après une réforme, que les candidats au concours présentent trois diplômes de docteur? Ce serait là une prescription à la fois décourageante et stérile. D'autre part, il y a quelques mois à peine, nous étions tous d'avis qu'un doctorat ne saurait suffire à nos futurs collègues. Dès lors, il conviendrait peut-être de décider que les agrégés devraient avoir deux doctorats à leur choix. On pourrait aussi, en raison du caractère fondamental du doctorat juridique, songer à l'exiger dans tous les cas, l'option ne subsistant que pour le second diplôme

Il est bien entendu, du reste, que le passage d'un doctorat à un autre continuerait à se faire dans les conditions actuelles.

Telles sont, Messieurs, les idées essentielles qui ressortent de notre dernière discussion. Elles peuvent venir se condenser en des resultats très simples. En principe, vous avez été partisans d'un dédoublement du doctorat des sciences politiques et économiques. Mais il vous est apparu qu'en aucun cas, une pareille réforme ne devrait entraîner un affaiblissement des études de doctorat, et qu'il serait nécessaire, par conséquent, de l'appuyer sur une organisation d'enseignements capables de permettre de grandes exigences aux examens. Vous avez entendu, en outre, que des réserves expresses fussent formulées en votre nom sur l'urgence d'une modification à apporter au régime de 1895. Mais vous n'avez pas voulu exclure la pensée d'une très prochaine préparation de l'organisation nouvelle, dans laquelle chaque Université serait appelée à donner la mesure de son initiative et de sa vitalité.

Après la lecture du rapport de M. SOUCHON, et à la suite d'un échange d'observations entre les membres de l'assemblée, le Doyen a mis successivement aux voix les modifications qu'il paraît utile d'introduire dans le régime du doctorat, tel qu'il est organisé par le décret du 30 avril 1895.

ARTICLE PREMIER.

Les diplômes de docteur en droit portent l'une des mentions suivantes :

Sciences juridiques;
Sciences politiques ;
Sciences économiques.

(Cet article a été adopté par onze voix; il y a eu une abstention).

ARTICLE 3.

Les examens oraux portent sur les matières suivantes :

Sciences juridiques.

1ᵉʳ *Examen* : 1° Droit romain, avec une interrogation sur les Pandectes; — 2° Histoire du droit français.

2ᵉ Examen : 1º Deux parties du droit civil, choisies par le candidat parmi celles qui sont déterminées par l'arrêté ministériel du 30 avril 1895 ; — 2º au choix des candidats : Droit criminel ou droit civil comparé.

Sciences politiques.

1ᵉʳ Examen : 1º Droit public général ; — 2º Histoire du droit public français ; — 3º Droit constitutionnel comparé.

2ᵉ Examen : 1º Droit administratif; — 2º Droit international public ; — 3º Législation française des finances.

Sciences économiques.

1ᵉʳ Examen : 1º Économie politique (1ʳᵉ partie); — 2º Histoire des doctrines économiques; — 3º Droit public général; — 4º Législation et économie rurales.

2ᵉ Examen : 1º Économie politique (2ᵉ partie); — 2º Législation et économie industrielles; — 3º Législation et économie coloniales ; — 4º Science financière.
(Adopté).

ARTICLE 5.

Les candidats au deuxième examen du doctorat *Sciences juridiques* sont tenus de déclarer leur option en se faisant inscrire pour cet examen.

Les deux examens imposés pour les trois mentions doivent être subis dans l'ordre qu'indique leur numéro.
(Adopté).

ARTICLE 6.

Le sujet de la thèse est choisi par le candidat, suivant la mention qu'il postule, soit dans les sciences juridiques, soit

dans les sciences politiques, soit dans les sciences économiques.

(Adopté).

ARTICLE 7.

Le candidat reconnu apte au grade avec l'une des mentions peut obtenir les autres, à la condition, pour chacune
d'elles, de subir un examen et de composer et soutenir une
thèse.

Dans le cas où la nouvelle mention à obtenir sera celle
de *Sciences juridiques*, l'examen portera sur les obligations
en droit romain et en droit français ; le sujet de la thèse
devra être choisi dans les sciences juridiques.

Dans le cas où la nouvelle mention à obtenir sera celle de
Sciences politiques, l'examen portera sur les principes du
droit public, sur l'histoire du droit public français, et sur le
droit international public ; le sujet de la thèse devra être
choisi dans les sciences politiques.

Dans le cas où la nouvelle mention à obtenir sera celle de
Sciences economiques, l'examen portera sur l'économie politique, sur l'histoire des doctrines économiques et sur l'économie rurale ; le sujet de la thèse devra être choisi dans les
sciences économiques.

(Adopté).

Les autres dispositions du décret du 30 avril 1895 seront
maintenues sans changement.

L'article 3 de l'arrêté ministériel du 23 juillet 1896, sur
l'agrégation des Facultés de droit, devra être modifié ainsi
qu'il suit :

« Nul ne peut se présenter à l'agrégation si son diplôme
de docteur ne porte pas au moins deux mentions.

« La mention *Sciences juridiques* est imposée à tous les
candidats.

« Les candidats pour la section du droit privé et du droit criminel et pour la section d'histoire du droit, auront le choix entre les deux mentions *Sciences politiques* et *Sciences économiques*.

« Pour la section du droit public, le diplôme devra porter la mention *Sciences politiques*.

« Pour la section des sciences économiques, le diplôme devra porter la mention *Sciences économiques*. »

(Adopté).

Le Doyen,

E. CAILLEMER.

Lyon — Imp. Mougin-Rusand, rue Stella, 3.